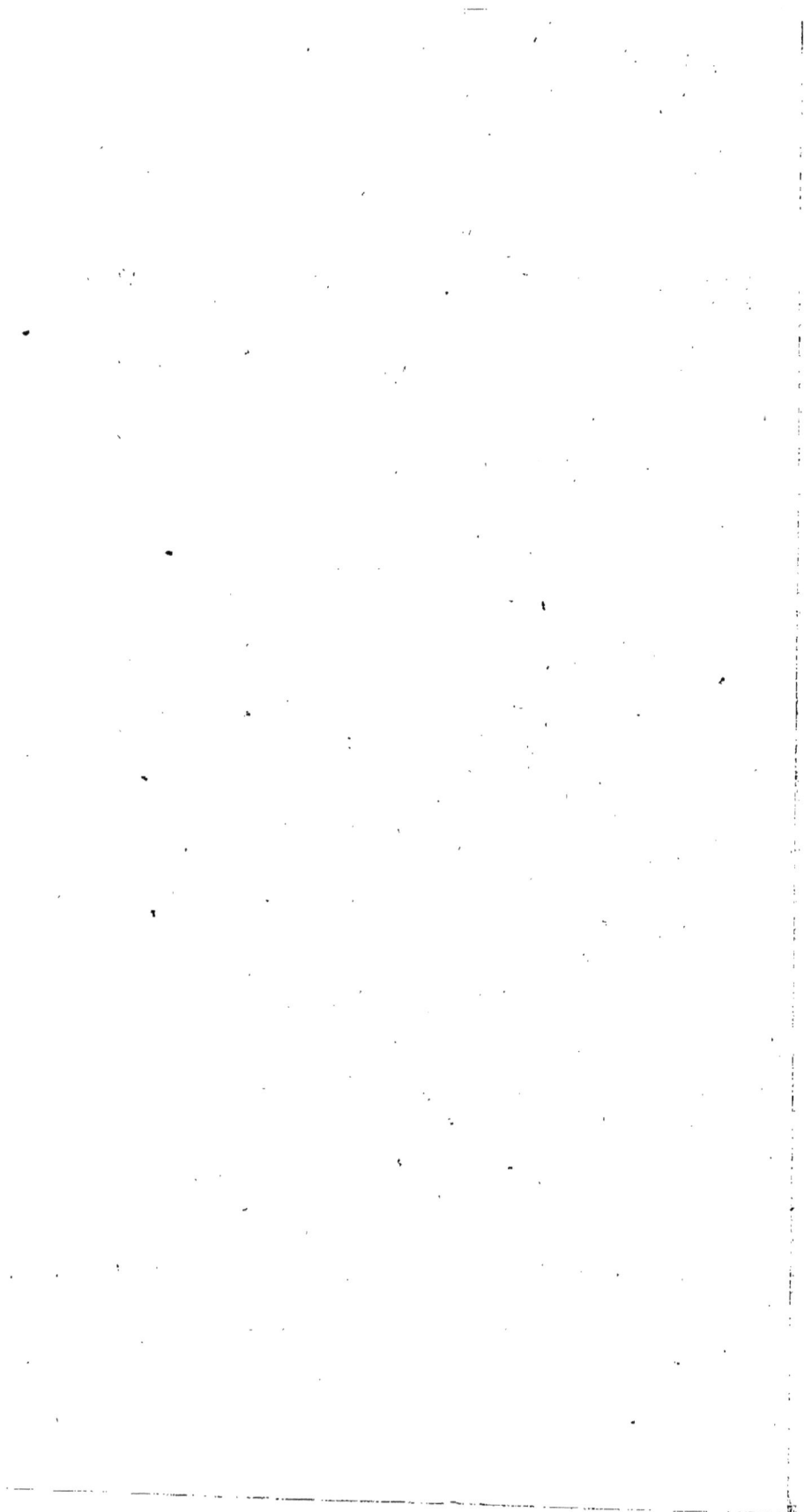

STATUTS

DE

L'ASSOCIATION DES TRAVAILLEURS

DE TOUTES LES PROFESSIONS

ET DE TOUS LES PAYS

Fondée le 19 juillet 1849, à Châtillon, par Montrouge,
département de la Seine.

———◆———

SOMMAIRE :

1º **Exposé des motifs ; — 2º Éducation des
Enfants ;
3º Statuts de l'Association des Travailleurs ;
4º Extraits du Règlement général
de l'Association.**

Prix : 10 centimes.

PARIS.

IMPRIMERIE BAILLY, DIVRY ET Cᵉ,

PLACE SORBONNE, 2.

1849.

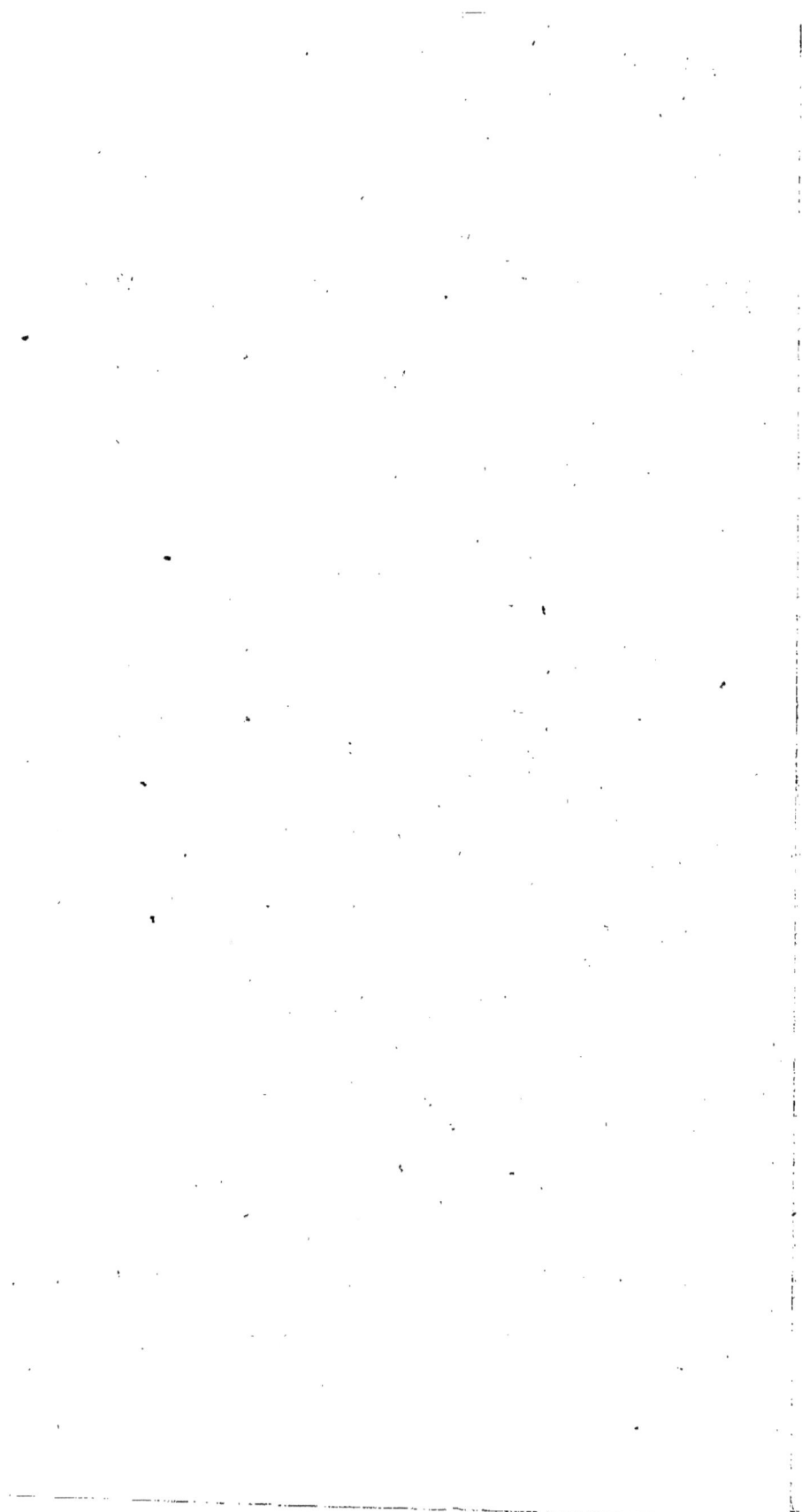

STATUTS

DE

L'ASSOCIATION DES TRAVAILLEURS

de toutes les Professions et de tous les Pays.

———•○•———

AUX TRAVAILLEURS :

CITOYENS ET CITOYENNES,

Il y a environ un an que, malgré toutes les
entraves imaginables, nous, Fondateurs de la
présente Association, avons fondé les Associations ouvrières. Ces Associations ont prospéré,
grâce à la solidarité qui unit les Socialistes et
les Républicains. Près de trois cents Maisons
ont déjà été ouvertes à Paris et le nombre s'en
accroît chaque jour, la demande du travail
s'accroissant dans la même proportion.

Un premier résultat est donc obtenu; le sa-
laire est aboli entre les travailleurs associés et
remplacé par un partage équitable des bénéfices. Mais notre succès même a créé un dan-
ger qu'il nous importe d'éviter. Quand il va
exister, pour une seule profession, de nom-
breuses Associations, si elles ne se réunissent
pas en une seule, elles vont se faire une con-
currence meurtrière pour leurs intérêts et fâ-
cheuse pour la jalousie et l'esprit d'hostilité
plus ou moins déclarée qui va en résulter. Si,
au contraire, elles se réunissent, elles vont re-
constituer les corporations de l'ancien régime.

Or, selon nous, les corporations ne sont qu'une sorte d'individualisme collectif bien éloigné des vrais principes du socialisme.

Une autre imperfection des Associations ouvrières telles qu'elles ont été pratiquées jusqu'ici, c'est que, quoique la plupart d'entre elles ait adopté le principe de l'égalité de répartition, ce principe, fut-il sincèrement appliqué, n'est réalisé que d'une manière dérisoire dès que, d'une part, les uns restent chargés du soin d'une famille nombreuse, tandis que les autres n'ont nulle charge, et que, d'une autre part, dans certaines industries, le gain est plus ou moins élevé que dans d'autres. L'égalité ne règnera véritablement sur la terre que lorsque la fraternité sera son inséparable compagne. Ce n'est que lorsque l'Association elle-même, comme une mère commune, se chargera de l'éducation des enfants de ses Membres; ce n'est qu'alors que nous deviendrons égaux et frères. Il faut encore que chacun, quelle que soit sa fonction, quelle que soit sa profession, quel que soit son sexe, ait les mêmes droits dans la décision des affaires sociales et dans la répartition. Ce n'est qu'ainsi que nous serons associés et égaux.

De plus, nous n'aurions l'égalité que dans la misère ou du moins dans la gêne, si nous ne nous associions pas pour la consommation aussi bien que pour la production et si nous ne réunissions pas en un seul faisceau toutes nos forces, tous nos moyens épars dans les Associations isolées.

Ces considérations, Citoyens, nous ont décidé à fonder une Association d'un nouveau genre réunissant sous le même acte de société, des Travailleurs de toutes les professions et de tous les pays. Dans cette Association, chaque Membre, selon son aptitude et ses facultés, pourra au besoin changer de travaux et d'occupations. Il y a peu d'industries qui n'offrent une saison de presse et une morte saison ; la première est une grande cause de fatigue pour les Travailleurs, la seconde est une cause de ruine. Ces deux inconvénients disparaissent à l'instant même où les Travailleurs de tout genre, même ceux de l'agriculture, se réunissent en une seule Association et un seul intérêt. Ceux qui chômeront dans leur état aideront ceux qui seront pressés. Soit d'une manière, soit de l'autre, nous aurons continuellement du travail, et tout le monde pouvant être employé fructueusement, l'Association pourra sans cesse s'agrandir et admettre de nouveaux Membres. Dans notre espoir, les véritables Socialistes pourront enfin se rallier sympathiquement en un centre d'action où l'éducation et les beaux-arts trouveront leur place.

Ensuite, par l'augmentation de la richesse sociale, les Travailleurs pourront s'élever à l'aisance, améliorer leur condition intellectuelle et leur bien-être moral et travailler au bien de l'humanité.

Notre Association sera cosmopolite. Si nous réussissons, elle s'étendra partout ; elle tendra à la République universelle.

Châtillon, près Paris, 10 décembre 1849.

EDUCATION DES ENFANTS.

—

Les enfants des Associés seront élevés aux frais de l'Association, et de manière à pouvoir continuer et perfectionner l'entreprise commencée par leurs parents.

L'éducation sera professionnelle et agricole; les pensionnats seront situés dans les localités reconnues les plus saines pour l'enfance. L'instruction sera aussi étendue que le comporteront les ressources de l'Association.

L'instruction générale sera la même pour tous, garçons et filles; mais les études spéciales varieront suivant le sexe et suivant les travaux différents pour lesquels les élèves montreront de l'aptitude.

L'instruction méthodique et l'enseignement de la discipline seront plus particulièrement confiés aux instituteurs.

Les soins corporels, l'éducation morale et la formation du caractère des enfants seront plus particulièrement confiés aux institutrices.

Cependant les instituteurs et les institutrices se concerteront ensemble pour l'adoption des méthodes d'enseignement, afin d'agir avec unité et en conformité parfaite avec les vues et les principes de l'Association.

Les instituteurs et institutrices devront être munis, selon les pays où l'Association sera établie, des diplômes nécessaires pour que l'éducation des enfants étrangers y puisse être faite sans entraves.

STATUTS

DE L'ASSOCIATION DES TRAVAILLEURS

de toutes les Professions et de tous les Pays

ARTICLE 1er. — Nature de l'Association.

1. Il est établi, par les présentes Conventions, une Association d'un caractère à la fois civil et commercial, et dont tous les Membres sont solidairement responsables.

2. L'Association acquiert continuellement de nouveaux Membres et elle en perd d'anciens, ce qui ne l'empêche pas de se continuer sans interruption, tous ces changements n'étant que des développements et des modifications prévus dès le jour de sa fondation.

5. Toute entrée et toute sortie d'Associés est constatée par un acte d'incorporation ou de sortie, soit volontaire, soit forcée, à la suite des présents Statuts qui seront transcrits sur un registre tenu à cet effet par l'Association.

4. L'Association a commencé de fait le 19 juillet 1849. Elle est fondée et constituée par les soussignés :

1º **ALLIOT** (PIERRE-ETIENNE), 49 ans, cuisinier, rue Médéah à Plaisance (banlieue); ·

2º Cit° **ALLIOT**, née HENRIETTE **VIGNOT**, 35 ans, lingère, même adresse que le précédent, de son mari autorisée ;

3º Cit° **FRÉMAUX**, née JULIENNE **SÉBERT**, fabric. de corsets, 25 ans, Faub.-Saint-Denis, 19, à Paris, de son mari autorisée ;

4º **GAY** (JULES), 42 ans, teneur de livres, demeurant à Châtillon, près Paris ;

5ᵉ Citᵉ **GAY**, née JEANNE-DÉSIRÉE **VÉRET**, institutrice pour le premier âge, 39 ans, même adresse que le précédent, de son mari autorisée ;

6º **GROUT** (DÉSIRÉ-JOSEPH-LÉONOR), 26 ans, cuisinier, rue du Vieux-Colombier, 11, à Paris ;

7° LEFÈVRE (Félix-Désiré), 43 ans, cuisinier, rue Sainte-Avoye, 52, à Paris ;

8° PIALOUX (Joseph), 26 ans, cuisinier, rue de Vaugirard, 146, à Paris ;

9° TRÉHEUX (Joseph-Désiré), 24 ans, cuisinier, rue du Ponceau, 35, à Paris ;

10° Et cit.° TRÉHEUX, née Elisabeth-Antoinette CHRISTAL, 23 ans, même adresse, de son mari autorisée.

ART. 2. — Durée de l'Association.

5. La durée de l'Association est illimitée.

6. L'Association ne peut être dissoute, ni par la sortie d'un de ses Membres, ni par une décision de la majorité d'entre eux. Elle subsiste aussi long-temps que plusieurs Associés restent ensemble.

ART. 3. — But de l'Association.

7. Le but de l'Association est de procurer à tous ses Membres le bien être physique et moral, et de les faire jouir intégralement des fruits de leur travail.

8. Les moyens de l'Association consistent dans la mise en œuvre de l'industrie et des talents de ses Membres, à mesure qu'elle s'agrège des individus capables d'exercer les différentes professions ou certaines fonctions publiques.

ART. 4. — Siége de l'Association et Etablissements sociaux.

9. Le siége de l'Association est établi provisoirement à *Châtillon*, près Paris, rue de Clamart, 6.

10. L'Association fonde, à mesure qu'elle trouve avantage à le faire, des Etablissements succursales à Paris, à la campagne et généralement dans tous les pays, à quelque nationalité qu'ils appartiennent.

11. Chaque changement de domicile social et chaque fondation d'un Etablissement nouveau sont constatés, à leur date, par acte transcrit sur le registre à la suite des présentes.

12. La Maison ouverte aujourd'hui par l'Association, servant de domicile social et de siége de la Société, est en même temps affectée à l'usage de restaurant, à la culture potagère et à la sous-location de logements garnis ou non garnis. Cet Etablissement portera le n° 1 parmi les Etablissements de l'Association.

ART. 5. — Nom de l'Association, Raison sociale
et Signature sociale.

13. La Société prend pour titre et pour raison sociale ces mots : ASSOCIATION DES TRAVAILLEURS DE TOUTES LES PROFESSIONS ET DE TOUS LES PAYS. Elle appose un timbre, contenant ce titre, sur toutes les pièces officielles qui émanent de son sein. Ce timbre est indispensable pour compléter, avec la signature sociale, la validité des billets, engagements et autres pièces comptables.

14. Dans chaque Etablissement, le Comptable est chargé de la garde et de l'apposition de ce timbre.

15. La Signature sociale se compose du nom du Gérant de l'Association, suivi des mots *et Cie*. Comme ce Gérant est sujet à être changé à l'improviste, la Signature sociale est également variable. Les changements en sont enregistrés à leur date, à la suite du présent acte.

16. A l'origine de l'Association, la signature sociale est **PIALOUX ET C°.**

ART. 6. — Capital social.

17. Le capital social est essentiellement variable. Il est formé : 1° par un apport de 500 fr. fait par chaque Associé; 2° par un quart prélevé sur les bénéfices et destiné à l'accroissement du capital et à l'extension de l'Association.

18. Le capital social est sujet à être réduit : 1° lorsque, un Associé décédant ou se retirant, son apport lui est remboursé; 2° dans le cas où, dans un inventaire, le résultat étant une perte, cette perte viendrait diminuer d'autant le capital social.

19. Le capital entier peut être employé comme fonds de roulement.

20. Chaque mois, le chiffre actuel du capital est constaté sur les livres de comptabilité.

21. L'apport social de 500 fr. n'est point productible d'intérêts.

22. Le prix de l'apport social est payable en espèces ayant cours, entre les mains d'un des caissiers de la Société, contre un reçu de la somme.

23. Quand l'Associé ne paie en entrant qu'une partie de la somme, il la complète en se faisant opérer une retenue de 20 p. 100 sur ses premiers dividendes de bénéfices.

24. A la date d'aujourd'hui, le capital social s'élève à la somme de 1,000 fr.

Art. 7. — Admission des Membres.

25. Pour être admis dans l'Association des Travailleurs, il faut : 1° remplir les conditions de capacité et de moralité qui sont exigées par les Règlements de la Société; 2° adhérer aux présentes Conventions et aux Règlements sociaux, et adresser au Conseil central d'administration une demande écrite en admission.

26. Le postulant est soumis, avant son admission définitive, à un noviciat qui ne saurait durer moins de trois mois, ni plus de six. Durant ce noviciat, les adhérents participent aux bénéfices égalitairement avec les autres Associés, mais sans pouvoir prendre part aux délibérations sociales.

27. Toute femme mariée doit fournir une pièce constatant qu'elle est autorisée à contracter société commerciale.

Art. 8. — Droits et devoirs des Associés.

28. La Société nourrit ses Membres ; elle élève gratuitement leurs enfants et elle les entretient de tout ce qui leur est utile, même lorsque ces enfants deviennent orphelins. Elle se charge de faire leur édu-

cation industrielle. En dédommagement, le bénéfice de leurs travaux lui est complètement acquis.

29. A l'âge de 18 ans, ces jeunes gens, légalement émancipés, peuvent, s'ils le sollicitent, être admis comme Associés.

30. Si un Associé tombe malade, ou s'il lui arrive un accident, la Société lui prodigue tous les soins et tous les secours dont il a besoin.

31. L'Association assure des moyens d'existence au vieillard et à l'invalide ayant travaillé dix ans au moins dans son sein.

32. Les forces, l'aptitude, la capacité, les talents d'un individu, puis ses goûts, sont les motifs de son classement.

33. La diversité de leurs fonctions ne produit entre les Associés aucune inégalité de traitement ni la possession d'aucun privilège.

34. Toutes les fonctions sont également honorables, et nul Associé ne doit, sans juste motif, refuser de s'occuper à un travail que la Société, ou une Assemblée ou seulement le Conseil juge utile.

35. Les rémunérations du dehors, accordées à un Membre pour un travail effectué durant l'Association, appartiennent à la Société.

36. Les œuvres intellectuelles ou inventions matérielles faites par un Membre pendant le temps de la Société appartiennent à cette dernière et font partie de l'exploitation sociale.

37. Le nombre d'heures de travail est le même pour les travailleurs de toutes les professions, sauf quelques exceptions qui peuvent être reconnues nécessaires, selon les états plus ou moins fatigants. Cette durée du travail et l'ordre des jours de repos et des congés sont déterminés par les règlements et arrêtés sociaux.

ART. 9. — Gouvernement de la Société ou Législature.

38. Dans tous les Etablissements de l'Association, chaque soir, avant de se séparer, les Associés se ré-

unissent pour délibérer en commun sur les affaires sociales.

39. Dans chaque Etablissement, les Associés y demeurant se choisissent un Régisseur, un Comptable et un Caissier. Ces fonctionnaires préparent la besogne, correspondent avec le Conseil central de l'Association, puis leur exposent l'état journalier des affaires sociales.

40. Tous les Associés, répandus dans les divers Etablissements sociaux, nomment, pour toute la Société : 1° le Gérant ou Agent général de l'Association ; 2° un Comptable général ; 3° un Caissier général.

41. L'universalité des Associés décide et prononce sur toutes les questions importantes.

42. Elle désigne les industries qui ont droit de se choisir un Directeur général qui les représente dans le Conseil central.

43. Elle arrête et modifie les règlements sociaux.

44. Elle prononce l'ouverture de nouveaux Etablissements ou la fermeture d'anciens.

45. Elle autorise les engagements à prendre en son nom.

46. Elle adopte le budget du mois prochain, reçoit les comptes du mois passé et reconnaît le bilan mensuel.

47. Elle autorise les poursuites judiciaires.

48. Elle décide si un Associé est dans le cas de devoir être considéré comme démissionnaire.

49. Elle peut introduire des modifications à l'acte d'association.

50. Elle se prononce sur ces sortes de questions à une majorité des deux tiers des voix exprimées, et au moins de moitié plus un du nombre total des Associés.

51. Toute question est soumise à un double examen : 1° la prise en considération ; 2° la résolution définitive.

52. Quant aux nominations aux fonctions, il suffit qu'elles soient faites à une majorité simple. Dans le cas même où cette majorité ne se serait pas déclarée à une première épreuve, la simple pluralité des suffrages suffit à la seconde.

53. Tous les fonctionnaires de l'Association peuvent toujours être renouvelés à la volonté de ceux qui les ont nommés ; car ceux-ci peuvent, à chaque instant, devenir mécontents de leur choix, ou voir se produire une capacité plus élevée encore que celle qu'ils avaient choisie.

54. Dans chaque profession, les travailleurs nomment leurs Chefs d'atelier, leurs Directeurs locaux et, quand il y a lieu, un Directeur général.

55. Il est nommé au moins un Suppléant pour chaque fonction, afin de remplacer au besoin le titulaire en cas d'absence momentanée.

56. Les femmes sont élues aux fonctions générales ainsi que dans celles qui leur sont spéciales, au même titre que les hommes ; c'est-à-dire en raison de leur capacité, de leur aptitude et de leur goût.

57. Dans chaque Etablissement, l'Assemblée juge les difficultés ou les contestations qui surviennent entre les Associés. En cas de résistance prolongée de l'une des parties, la cause est renvoyée en dernier ressort devant l'universalité des Associés.

ART. 10. — Conseil central d'Administration.

58. Le Conseil central d'administration de l'Association se compose : 1° de l'Economiat, composé du Gérant, du Comptable général et du Caissier général ; 2° des Directeurs généraux des diverses branches de travail.

59. Le nombre des Directeurs généraux étant variable, celui des Membres du Conseil est pareillement variable.

60. Le Conseil est en permanence ; ses séances ont lieu tous les jours et toute l'année.

61. Le Conseil représente l'Association dans les circonstances où cela est nécessaire.

62. Il veille à l'exécution des Statuts.

63. Il fait exécuter les décisions prises par la majorité des Associés.

64. Il prononce l'admission des postulants, et quand,

après avoir consulté sur leur moralité l'universalité des Associés, il reconnaît que leur noviciat a été satisfaisant, il les admet définitivement dans l'Association.

65. D'accord avec les Associés, il fixe ou change leurs résidences.

66. Le Gérant porte la parole au nom du Conseil et au nom de l'Association tout entière.

67. Il fait observer les règlements sociaux.

68. Les livres de commerce doivent être tenus en parties doubles et doivent être constamment à jour.

69. Il n'y a qu'une seule comptabilité générale pour tous les Etablissements de l'Association, bien qu'ils soient dans des pays différents et quelque diverses que soient leurs destinations.

70. La caisse centrale est à trois serrures ou cadenats, dont les clefs sont entre les mains du Gérant, du Comptable général et du Caissier général.

71. Chaque Directeur général assiste aux séances du Conseil et y représente sa spécialité ; il contresigne tout ce qui a rapport à cette spécialité et il se tient en correspondance directe et continuelle avec tous les Directeurs locaux.

ART. 11. — Comité de Surveillance.

72. L'universalité des Associés nomme et renouvelle par tiers, à la suite de chaque inventaire mensuel, un certain nombre d'inspecteurs généraux chargés de se transporter dans les divers Etablissements et d'y vérifier :

1° Si les Règlements sont observés et si les décisions sociales sont convenablement exécutées ;

2° Si les écritures de commerce sont justes et si les pièces à l'appui sont complètes et véridiques ;

3° Si l'état de la caisse, des marchandises, des meubles et des immeubles est conforme à ce qu'accusent les écritures journalières et les inventaires.

73. Au moins une fois par mois, à l'époque des inventaires, les Inspecteurs généraux envoient, par l'intermédiaire du Conseil d'administration, à tous les Etablissements de l'Association, le résultat de leur examen.

74. Les Membres du Conseil d'administration étant eux-mêmes sous la surveillance des Inspecteurs généraux, ces derniers ne font pas partie de ce Conseil.

75. A l'origine de l'Association, les Inspecteurs généraux sont au nombre de trois, mais ce nombre est variable, étant proportionné au nombre des Etablissements à inspecter et à leur éloignement. Il est modifiable par des articles spéciaux ajoutés à leur date, à la suite des présentes.

76. Les premiers Inspecteurs généraux sortants sont désignés par le sort. Les suppléants succèdent, de droit, aux titulaires ; les nouvelles nominations désignent seulement, en ce cas, de nouveaux suppléants.

Art. 12. — Répartition des Bénéfices.

77. Chaque mois, au siége de l'Association et dans tous les Etablissements, les écritures sociales sont arrêtées le dernier jour au soir et il est procédé à un inventaire général qui doit être terminé dans le plus bref délai.

78. En cas de bénéfices, ils sont distribués ainsi qu'il suit :

79. Les trois premiers quarts sont répartis par parts égales entre tous les Associés et adhérents, proportionnellement toutefois au nombre de journées fournies par chacun d'eux.

80. Le dernier quart est consacré à la formation d'un fonds de réserve indivisible et impartageable, et concourt à l'accroissement du capital social.

81. En cas de perte, chaque Associé est débité, pour une part égale, mais proportionnelle au nombre de journées qu'il a, durant l'exercice, fournies à l'Association.

82. Quant à la répartition des trois premiers quarts des bénéfices, l'Associé ne peut exiger qu'il lui soit payé immédiatement plus de la moitié de ce qui lui revient, ni le surplus avant la fin du mois.

Art. 13. — Sortie des Membres.

83. Tout Associé peut se retirer à volonté de l'Association ; il doit adresser au Conseil sa démission par écrit, au moins dix jours à l'avance.

84. S'il emmène ses enfants nés durant la Société, il peut lui être réclamé une indemnité proportionnée aux frais occasionnés par leur première éducation.

85. Si des Membres ne se conduisent pas d'une manière convenable et conforme à ce qui est prescrit par les Règlements, s'ils veulent faire des Etablissements particuliers ou des Assoc ations d'intérêts distinctes de la présente société, ils sont censés, par cela seul, donner leur démission.

86. Le compte de l'Associé démissionnaire est arrêté à la fin du mois dans lequel il donne sa démission. Sa part proportionnelle dans le bénéfice ou dans la perte est calculée jusqu'au jour de sa sortie, et ce qui lui revient, tout compte fait, lui est remis. Cependant, l'Associé démissionnaire ne peut exiger son remboursement complet avant trois mois à dater du jour de sa sortie.

87. Lorsque l'Associé, par cause de vieillesse ou d'infirmité incurable, devient incapable de continuer à travailler, il ne peut demeurer davantage dans la Société comme Membre actif ; son compte est arrêté et lui est rendu conformément à ce qui vient d'être dit.

88. Si l'Associé meurt durant la Société, le compte est rendu à ses héritiers, également en se conformant à ce qui vient d'être dit.

Art. 14. — Dissolution éventuelle de la Société.

89. En cas, malgré les termes du paragraphe 6, d'une dissolution définitive de l'Association, le fonds de réserve serait partagé, par parts, égales, entre les derniers Associés restants et les orphelins élevés, à ce moment, aux frais de la Société. Les pensions de retraite dues aux anciens Membres de l'Association sont inscrites au passif de l'inventaire.

L'original des présents Statuts, signé par les Fondateurs soussignés, sera déposé à Mᵉ Bouclier, notaire à Paris, pour être mis au rang de ses minutes.

Un extrait sera déposé au Tribunal de commerce et inséré dans les journaux judiciaires ; à cet effet, tous pouvoirs sont donnés au porteur.

Fait et arrêté à Paris, le 18 août 1849, en un seul original.

Certifié sincère et véritable par les soussignés, et annexé à la minute d'un acte de dépôt reçu par Mᵉ Guillaume Bouclier et son collègue, notaires à Paris, aussi soussigné. Cejourd'hui 18 août 1849.

Signé : J. GAY.   P. E. ALLIOT.   D. J. L. GROUT.
F. D. LEFÈVRE.   J. PIALOUX.   J. D. TRÉHEUX.
E. A. CHRISTAL.   J. D. VÉRET.   J. SÉBERT.
H. VIGNOT.

PRÉVOTEAU.   BOUCLIER.

Enregistré à Paris, 6ᵉ bureau, le 21 août 1849, vol. 3, fol. 13. Reçu 5 fr. 50 c. pour décime.

Le 12 novembre 1849, l'Association a pris une seconde Maison, située Chaussée-Clignancourt, 30, barrière Rochechouart, déjà affectée à l'usage de Restaurant par association. Plusieurs Associés nouveaux se sont incorporés dans notre Association, et nous avons plusieurs autres Maisons en vue pour une ouverture prochaine, ainsi que beaucoup d'adhésions de travailleurs de plusieurs professions.

Nous saisissons l'occasion de la présente publication pour engager toutes les personnes qui en prendront connaissance, et qui aiment à vivre en Association, à se mettre en rapport avec nous.

EXTRAITS

du Règlement général de l'Association des Travailleurs

DE TOUTES LES PROFESSIONS ET DE TOUS LES PAYS.

—◦◦◦—

Des Adhérents.

Toutes les personnes qui désirent s'incorporer dans l'Association doivent déclarer, par écrit, au Gérant ou au Régisseur d'un des Etablissements leurs nom et prénoms, lieu et date de naissance, profession et occupations auxquelles elles pourraient être appliquées, enfin leur domicile actuel et les adresses des personnes chez qui on peut prendre des renseignements sur leur moralité.

Elles doivent indiquer si elles peuvent verser immédiatement tout ou partie de l'apport social exigé.

Elles doivent déclarer les nom et âge des enfants et des vieillards qui sont à leur charge. Elles déclarent, de plus, qu'elles adhèrent à l'acte de société et aux règlements sociaux dont elles ont pris connaissance, et elles demandent à être admises dans l'Association. Cette pièce doit être signée.

Les femmes mariées font la demande en leur nom personnel et indépendamment de la demande faite par leur mari. Elles doivent toutefois mentionner l'autorisation donnée par ce dernier.

Les demandes d'incorporation reçues sont transmises dans les 24 heures au Conseil, et il est rendu réponse aux postulants dans la huitaine.

Les postulants déclarés admissibles reçoivent le titre d'*adhérents*, et doivent, à la réquisition du Gérant ou d'un Régisseur, venir travailler à l'Etablissement qui leur est désigné, provisoirement en qualité de copartageants dans les bénéfices sociaux.

Ils n'ont pas le droit d'assister aux délibérations sociales, tant que leur admission définitive n'aura pas été prononcée selon le paragraphe 26 des Statuts.

Les travaux de quelque genre que ce soit que l'Association des Travailleurs a à faire faire par des étrangers , sont confiés de préférence aux adhérents admis provisoirement.

Le gérant ou le régisseur mentionnent sur leur rapport journalier, au Conseil ou à leur Assemblée, les travaux qu'ils ont ainsi confiés , les individus qu'ils en ont chargés, les conditions et les résultats.

Les adhérents doivent, dès le moment de la déclaration de leur admissibilité, sinon effectuer, du moins commencer à effectuer le versement de leur apport socia¹.

Si le Conseil d'administration le juge utile, des fonctions supérieures peuvent être confiées aux adhérents, excepté toutefois les fonctions de régisseurs, d'inspecteurs généraux et celles donnant entrée dans le Conseil central d'administration. Leurs fonctions peuvent, dans ce cas, nécessiter leur présence dans les Assemblées sociales, mais ils n'y sauraient avoir que voix consultative.

Droits et Devoirs des Associés.

Chaque Membre de l'Association doit respecter la liberté des autres Membres. En tout ce qui n'est défendu ni par les règlements ni par les usages , chacun conserve la liberté d'agir et de parler comme il l'entend.

Les Associés sont égaux en droits. Les fonctions qui leur sont confiées ne leur confèrent d'autorité que pendant le temps où ils exercent ces fonctions et pour l'exercice desdites fonctions.

Nul avantage particulier ne doit être attribué à de certains associés en raison de leurs fonctions ou comme récompense de leur conduite. Nulle privation ne doit être infligée à d'autres en raison de la subalternité de leurs fonctions, ni nulle punition à cause de leur inconduite ou de la mauvaise qualité de leur ouvrage. Les cas de mauvaise volonté sont seuls exceptés, étant considérés comme une première déclaration des individus de leur intention de se retirer de l'Association.

Les dégâts qu'ils occasionnent dans des moments de colère ou d'animosité restent à leur charge.

La fraternité consistant surtout dans les bons procédés les uns à l'égard des autres, il est recommandé aux Associés d'éviter toutes mauvaises plaisanteries, les manières brusques ou grossières, les querelles et les imputations hasardées. Afin de faire respecter le principe de l'Association, il est d'obligation pour eux d'observer des manières convenables. Ils doivent aussi s'abstenir de brutaliser les enfants.

Il est du devoir de tout Associé qui pense qu'un de ses confrères oublie ces recommandations, de le lui rappeler fraternellement. Si, par quelque raison que ce fût, ce confrère ne faisait pas droit à des observations justes, il est du devoir du témoin de donner connaissance des faits à l'assemblée du soir même.

Si le cas était urgent, l'Associé témoin devrait immédiatement prier les autres coassociés présents de s'immiscer dans la connaissance des faits et de s'opposer à leur continuation, s'ils le jugent nécessaire.

La gravité du cas et la récidive doivent faire considérer l'Associé irascible, brutal ou inconvenant, comme démissionnaire.

La propreté des habits, etc., est recommandée comme acte de fraternité.

Tout en respectant le principe de l'égalité, les égards sont plus particulièrement d'obligation envers les Membres plus âgés.

Chaque fonctionnaire est investi d'une autorité propre à la fonction qui lui est confiée. Il est, en quelque sorte, l'expression vivante de la loi pour sa fonction. Ses coassociés doivent donc se conformer à ses indications, puisqu'ils doivent obéissance à la loi sociale.

Si l'on croit que le fonctionnaire se trompe, on doit le lui faire observer; mais, en cas d'avis différent, on ne doit pas persister dans la résistance, car tout fonctionnaire a sa responsabilité; seulement, on adresse ses observations, soit à un supérieur en fonctions, soit, selon le besoin, à l'Assemblée locale ou au Conseil général.

L'indiscipline, quand elle se prolonge, fait considérer celui qui s'en rend coupable comme démissionnaire.

Une probité scrupuleuse est exigée de tous les Associés. Ils ne sont admis dans l'Association que sur de bons renseignements à cet égard. La première indélicatesse envers la Société, ou même un tort de ce genre à l'égard d'un autre Associé ou d'un étranger, pendant le temps de l'Association, suffit, indépendamment des actions judiciaires qui pourraient lui être intentées, à partir du moment où le fait est avéré, pour faire considérer ceux qui s'en sont rendus coupables comme démissionnaires.

L'Associé qui s'enivrerait durant l'exercice de ses fonctions serait prié par le régisseur de se retirer, pendant le reste de la journée, du local de l'Association. Cette journée lui serait diminuée lors de la répartition. De plus, la connaissance du fait doit être déférée à l'Assemblée locale; en cas de récidive, le Conseil central est informé, et, par suite, la Société entière, laquelle juge de la gravité du fait.

L'ivrogne est, de droit, considéré comme démissionnaire.

La paresse habituelle, étant une sorte d'improbité, peut également faire considérer celui qui s'en rend coupable comme démissionnaire. Tout Associé qui croit s'apercevoir d'un tort de ce genre chez un de ses confrères, doit lui en faire l'observation fraternelle. Si ce dernier n'y a pas égard, il est du devoir du témoin de prévenir le régisseur, lequel, s'il juge le reproche fondé, fait son rapport à l'Assemblée, puis, en cas de récidive, au Conseil central.

Il est défendu de fumer, de causer, de chanter, de jouer, de demeurer avec les visiteurs, enfin de se livrer à aucune espèce de distractions pendant la durée du travail; car, comme la paresse, ces distractions sont une sorte d'improbité envers l'Association.

Toutes les fois que des parents des Associés viennent les visiter, ils sont, pour ce qui concerne les consommations, considérés comme tout à fait étrangers à l'Association.

Les fonctionnaires de tout ordre, depuis le gérant jusqu'à l'apprenti, ne doivent jamais rester inactifs, et, lorsque leur ouvrage est terminé dans un service, ils doivent se mettre à tout autre ouvrage utile, et dont ils sont capables.

En attendant que l'Assemblée locale choisisse à l'Associé une fonction supplémentaire, le gérant ou le régisseur lui indique le travail auquel il convient qu'il s'occupe.

Dans le cas où l'ordre serait troublé par qui que ce soit, d'une manière qui n'aurait pas été prévue par les règlements, le régisseur aurait le droit et le devoir de s'opposer à la continuation du désordre et de l'abus, et de prendre, à cet effet, toutes les mesures nécessaires. Il serait toutefois proposé immédiatement à l'Association un nouvel article de règlement destiné à empêcher le désordre de se reproduire.

Dans le cas où un Associé s'aperçoit de quelque abus, de quelque faute d'un de ses coassociés, et où, soit par peur, soit par une condescendance coupable, trahissant les intérêts de l'Association, il néglige d'en avertir, soit le régisseur, soit l'assemblée des Associés, il se rend complice des torts qu'il a cachés. Si la faute est assez grave pour faire considérer le principal coupable comme démissionnaire, le complice doit être considéré lui-même comme démissionnaire.

Le règlement général contient, en outre des précédents, les chapitres suivants :

Emploi du temps et fixation des congés. — Crédit des Associés. — Publicité et contrôle général. — Élections. — Organisation des travaux et des affaires sociales. — Fonctions du gérant et des régisseurs. — Fonctions du comptable général et des comptables des établissements. — Fonctions du caissier général et des caissiers d'établissements. — Des directeurs généraux et locaux. — Des inspecteurs généraux. — Ventes et achats. — Tenue des séances d'Assemblée et du Conseil.

www.ingramcontent.com/pod-product-compliance
Lightning Source LLC
Chambersburg PA
CBHW070756280326
41934CB00011B/2948